+ J. AUDIAT

CROIX VIVANTES

ROUEN
IMPRIMERIE DE LA VICOMTÉ
Rue de la Vicomté, 75

1926

CROIX VIVANTES

A la mémoire de

Charles-Jean AUDIAT

1902-1923

J. AUDIAT

CROIX VIVANTES

ROUEN
IMPRIMERIE DE LA VICOMTÉ
Rue de la Vicomté, 75

1926

LETTRE de M. Georges LECOMTE

de l'Académie Française

Paris, le 25 Avril 1926.

Monsieur et Cher Compatriote,

Dans un sentiment devant lequel on ne peut que s'incliner avec le plus profond respect, vous avez voulu évoquer la mémoire de votre enfant.

Je vous ai, Monsieur, d'autant mieux compris que je saigne de votre blessure et qu'une douleur égale m'a frappé. C'est pour cela, sans doute, que vous m'avez demandé de lire ces pages avant tous autres.

De votre souffrance vous avez tiré des pages où s'exhalent à la fois votre tendresse et votre inconsolable chagrin. Je les ai lues avec une émotion grandissante.

Et derrière le visage de CHARLES-JEAN AUDIAT, *j'ai vu lentement s'élever le visage de tous nos enfants disparus dans la tourmente.....*

Vos pages iront au cœur des pères et des mères ayant connu les mêmes angoisses et l'arrachement de ce sacrifice.

Ils berceront leur peine aux accents de cet hymne que votre amour vous a inspiré.

Ils pourront, en vous lisant, revivre leurs propres angoisses. Vous aurez ainsi prêté une voix à d'obscures et d'immortelles souffrances.

Veuillez agréer, Monsieur et cher Compatriote, l'expression de mes sentiments bien sympathiques.

GEORGES LECOMTE,

de l'Académie Française.

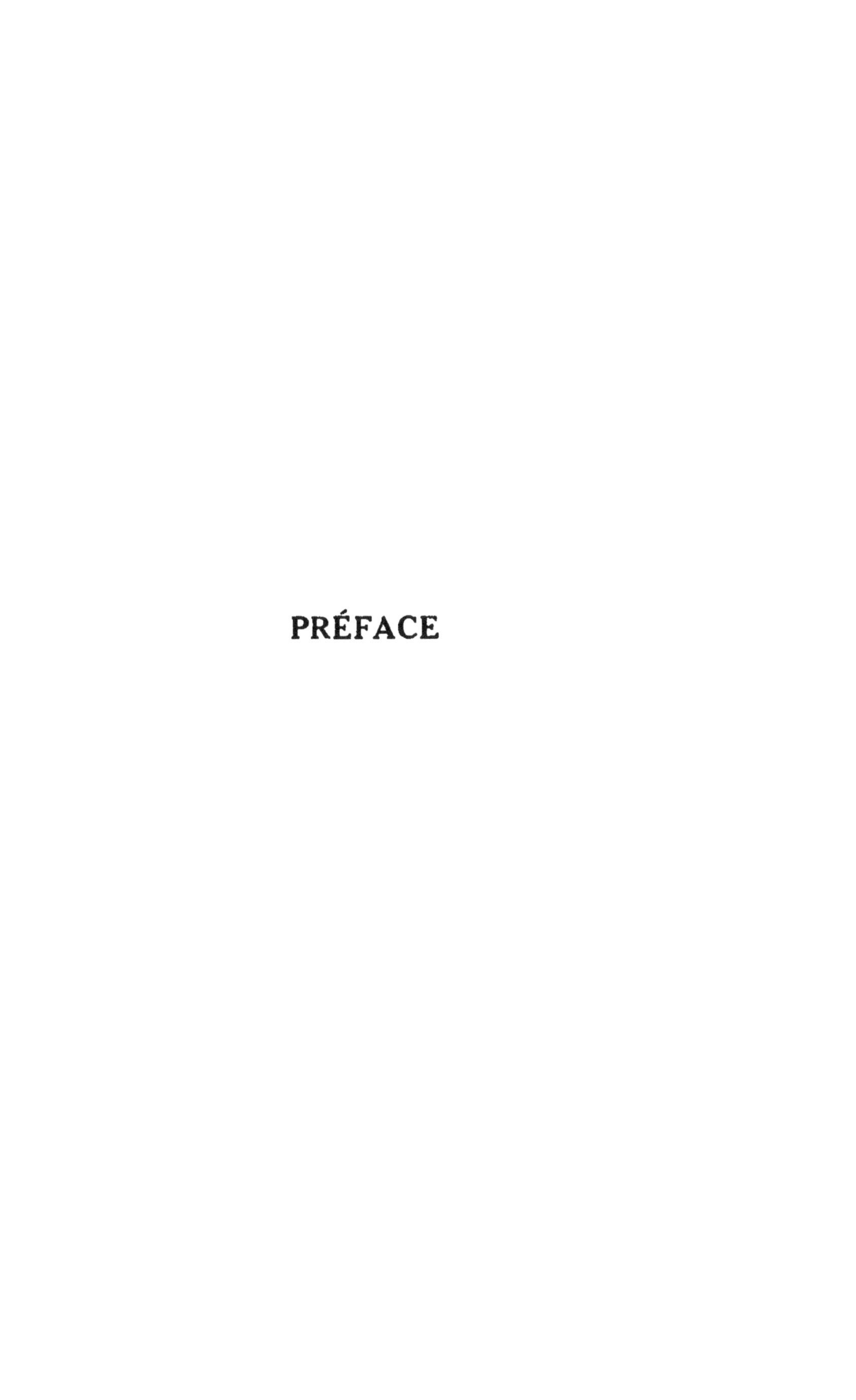

PRÉFACE

PARMI les fléaux qui accablent l'humanité, il n'en existe pas de plus terrible que la mort prématurée.

La jeunesse est belle ; elle est la fraîcheur, la grâce, la gaieté. Elle est souvent aussi la bonté. Quand l'intelligence s'ajoute à ces dons, c'est un chef-d'œuvre inestimable.

Quelle perte et quelle affliction quand ce trésor est détruit !

Si le Printemps avec ses énergies, ses splendeurs, ses espoirs était remplacé brusquement par les jours sombres et glacés, le désastre serait irréparable.

Mais aucun événement ne vient interrompre la marche régulière des choses ; cette catastrophe est réservée à l'être vivant. Lui seul ne verra pas s'achever sa carrière.

La mort a frappé, en plein travail, Celui que nous entourions en vain de nos soins, ce jeune homme de vingt ans qui méritait toute notre tendresse.

Il nous échappe à jamais.

Est-ce bien vrai ? Est-il possible que le sort réserve de pareilles épreuves ?

Le voici sur sa couche funèbre. Il ne parle plus. Pas un mouvement. Ses mains sont glacées. Son charme si délicat est détruit. Nous ne l'entendrons plus.

Désormais c'est le silence éternel, la nuit profonde, le vide insondable. Tout ce qui est joie dans la nature devient pour nous amertume, tristesse, chagrin ; toute satisfaction nous est importune, parce qu'Il n'y participe pas.

La pensée de l'avenir, elle aussi, nous torture. Qui chérira sa mémoire quand nous ne serons plus ?

Une tombe se referme, un être humain disparaît injustement du nombre des vivants, et il ne restera de lui qu'un nom gravé sur une pierre, qu'un peu de cendres auxquelles on apportera des fleurs... pendant quelque temps.

Non, quand on meurt à vingt ans, on ne doit pas être oublié ; il ne faut pas que cette seconde mort frappe encore l'Être tant chéri.

Enfant bien aimé,

Ton souvenir restera avec nous : penser à Toi, parler de Toi, nous aidera à supporter le fardeau de la vie sans Ta chère présence.

Et lorsque nous t'aurons rejoint, Toi qui

devais nous fermer les yeux, Tu ne disparaîtras pas du cercle des parents et des amis.

C'est pour t'assurer contre l'oubli que ton Père a pensé à écrire ce livre.

Il te rappellera à ceux qui t'ont connu.

Il sera, pour ta sœur que tu chérissais, un joyau précieux parce qu'il sera « Ton livre ».

Toi, si tu peux voir ici-bas, tu sauras que jusqu'à l'extrême limite de notre pouvoir nous avons tenté de maintenir, par-delà le tombeau, le souvenir de Ta personnalité vaillante.

Et dans ce cimetière d'Epinac où tu reposes près des grands-parents dont tu portes le nom, près d'une Tante qui t'adorait, lorsque nous nous arrêterons devant ta tombe en disant : qu'il repose en paix, du moins. Il l'a bien mérité parce qu'il a travaillé, parce qu'il a souffert, parce qu'il a été bon, nous ajouterons : qu'ils soient heureux en ce monde, ceux qui, en fermant Ton livre auront pour Toi une pensée émue ; qu'ils ne soient jamais des Croix-Vivantes.

Si des pères en deuil de leur Fils lisent ces pages, ils ne se sentiront plus isolés dans la douleur mais unis à d'autres par une communauté de misères. Ils sauront que nous comprenons et sentons leur souffrance, que des regards compatissants sont tournés vers la terre où leur enfant dort d'un éternel sommeil.

Enfin, si ce livre est ouvert par les privilégiés auxquels il est accordé de vieillir entourés de leurs descendants, puisse-t-il leur donner davantage conscience du bonheur qu'ils possèdent.

Il n'en est pas de plus grand.

E. A.

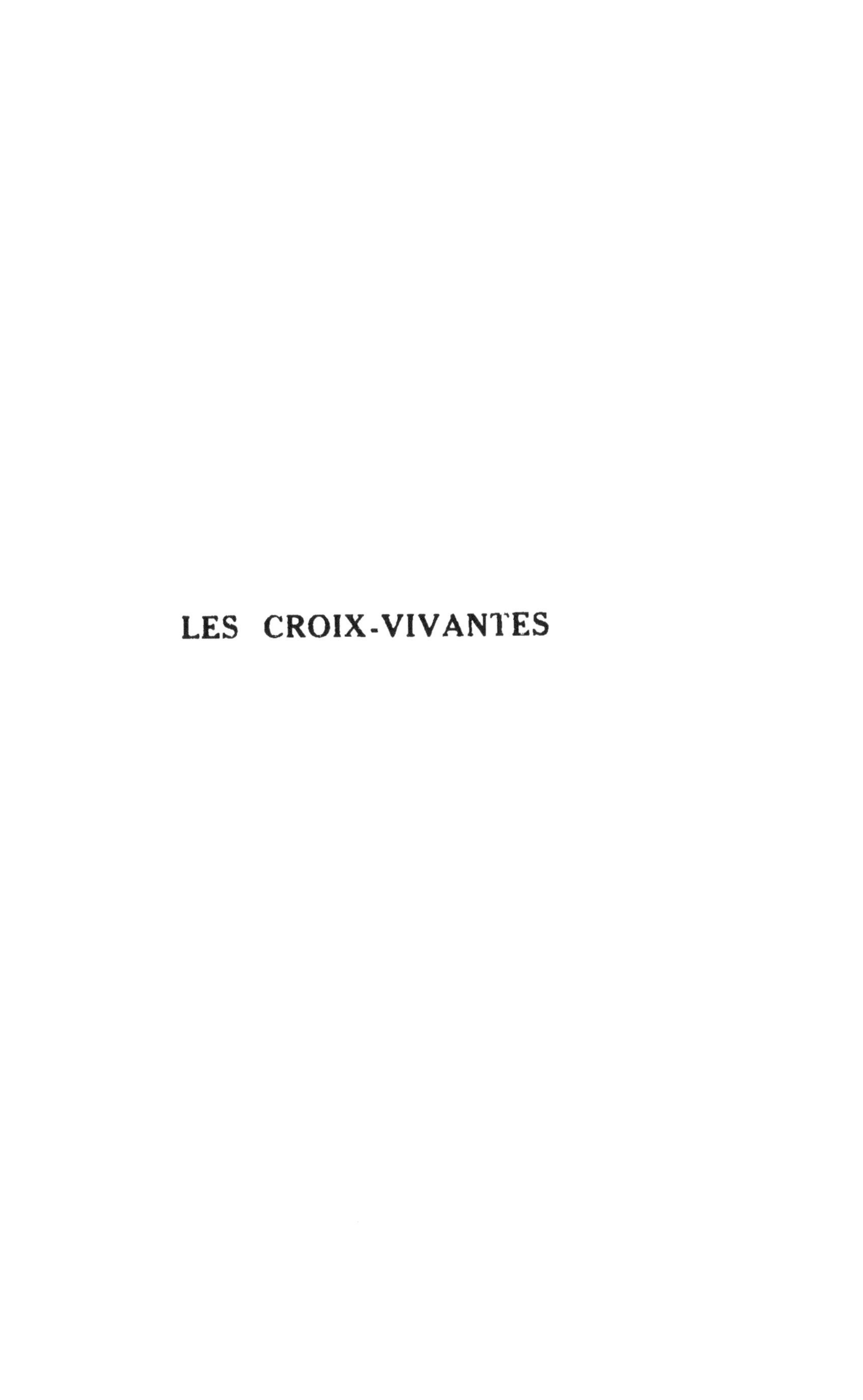

LES CROIX-VIVANTES

Ils vont, perdus dans la foule, semblables aux autres en apparence.

Observez-les plus attentivement.

Voyez ces visages maigris, encore jeunes sous des cheveux blancs ; ces épaules légèrement penchées vers la terre ; ce regard fixe, sans lumière extérieure, et comme révulsé ; ces lèvres qui, par instants, s'agitent et semblent murmurer une prière ou crier une souffrance ; cette marche automatique qu'aucun accident n'active ou ne retarde.

Ce sont les Croix-Vivantes.

†

Ces hommes sont atteints d'un mal inguérissable.

Si leurs cheveux sont décolorés, c'est par les nuits d'insomnie ; si leurs yeux paraissent sans éclat, c'est que leur flamme brûle intérieurement devant une image sacrée ; si leurs lèvres tremblent, c'est parce qu'elles prononcent un nom adoré ; si leur marche est automatique, recueillie, c'est parce qu'ils sentent, sur eux, le poids énorme d'un cercueil.

Ce sont les Pères qui ont perdu leur Fils et qui subissent la vie.

Ce sont les Croix-Vivantes.

PRIÈRE

Croix de bois,
Croix de pierre,
Croix de marbre,
Croix, élevées aux morts par la vieille humanité,
Soyez bénies.

Parce que vous donnez asile aux chanteurs ailés du printemps éternel,

Parce que votre ombre est douce à la terre brûlée par les étés,

Parce que vous mettez un frein aux rigueurs des bises d'automne,

Parce qu'en hiver, trouant le linceul de neige, vous signalez la demeure des défunts,

Soyez bénies.

Parce que debout vous saluez l'aurore,
Parce que vos blancheurs rayonnent, dans la nuit,
Parce qu'un jour vous contemplerez nos yeux clos,

Soyez bénies.

Etoiles des cimetières
Pour tout ce que vous rappelez,
Pour tout ce que vous abritez,
Pour tout ce que vous protégez,
Soyez bénies.

Croix de bois,
Croix de marbre,

Croix de pierre,
Dans le passé et le présent,
Soyez bénies.

*
* *

Nous sommes les Croix-Vivantes, les crucifiés d'âme et de chair ; nous sommes les miséreux qui ont perdu leur Fils ; nous avons gravi le plus haut sommet de la douleur humaine.

Croix, accueillez-nous. Laissez-nous prendre place. Pitié pour nous, les pères désespérés.

Nous sortons du flot tumultueux des cités. Fantômes noirs, nous venons, courbés et frissonnants, interroger l'Inconnu.

La clôture des nécropoles nous isole du reste du monde, le halètement des foules ne nous parvient plus ; loin de la sottise humaine nous pouvons déposer la cuirasse et saigner librement.

Debout ! les Croix-Vivantes, nous devons, nous aussi, veiller sur les cercueils.

A force d'amour nous voulons tenter de réchauffer les marbres.

Nous venons dire à nos Fils : nous voici, nous sommes là ! Le Destin-bandit n'a pu réaliser complètement son forfait ; nous n'avons pu l'empêcher de vous abattre ; mais, malgré lui, vous vivez, puisque nous demeurons.

Vous vivez dans notre esprit, dans notre pensée, dans nos cœurs.

Vous vivez aussi dans notre sang.

Et tant qu'il sera en notre pouvoir, nous ne permettrons pas à la poussière de l'oubli d'épaissir votre linceul.

La nuit muette, aveugle et sourde, recule pourtant devant les clartés que vous nous avez laissées et dont nous portons fièrement le reflet.

Car ce qu'il y eut de meilleur en vous subsiste ; la flamme ardente de votre intelligence et de votre cœur rayonne autour de nous, en nous, par nous.

Nous vous ressuscitons dans vos paroles, dans vos moindres gestes ; votre chère image resplendit aux lieux qui vous furent familiers.

Nous sommes les témoins de ce que vous fûtes.

Esprit du mal, dans ta folie, as-tu donc oublié que la pensée transmise est plus forte que la Mort ?

Tu as cru pouvoir supprimer la jeune pousse en conservant le vieil arbre... c'est en vain.

Nous continuons de voir et de chérir nos Fils.

MÉDITATIONS SUR LA TOMBE

COMME cette terre est, pour moi, transparente,... on dirait un cristal. Je vois les cercueils ouverts.

Je vois mon Fils tel que je l'ai placé avant le baiser d'adieu. Etre chéri, je vois tes beaux cheveux, ceux de la jeunesse ornant ton front large et droit ; tes mains amaigries, si froides, hélas ! oh ! comme je les revois ! Tes yeux et tes lèvres, légèrement entr'ouverts, te donnent encore une apparence de vie.

Misère. J'ai beau me mettre à genoux, me pencher vers Toi, je ne puis t'atteindre. Je sens là, sous mes mains, la terre implacable qui me repousse.

Peux-tu m'entendre ?

Oh ! la raison de l'épouvantable chose ?

Croix parlez. Réponds, toi, Croix du Golgotha qui sembles commander aux autres. On dit que tes bras immenses se sont levés pour le bonheur du monde ;... mon Fils et moi avons seulement connu la déception, la souffrance et l'horreur.

Pourquoi ?

Doux Jésus qui voulais racheter l'humanité et dont la Passion fut si lourde, notre supplice est plus atroce, notre douleur plus accablante.

Les filles d'Israël ont pleuré sur le Nazaréen, mais combien de temps a duré son calvaire ! Que sont ses souffrances infinies. Le Fils de l'homme n'a pu être meurtri qu'humainement dans sa chair.

Sans doute, la supériorité de son intelligence lui donnant une perception plus aigüe de l'ingratitude et de l'insulte, son esprit a pu être éprouvé souverainement de la trahison de Judas et du reniement de Pierre ; mais il croyait fermement à sa divinité, la clarté de l'étoile de Bethléem rayonnait dans ses yeux,... Il savait !

Il savait que l'étable, la crèche, la trahison, les outrages, la flagellation, le crucifiement étaient les marches nécessaires à une ascension qui devait terminer rapidement son exil et le ramener, pour toujours, dans les bras de son Père.

Cette fin prévue atténuait singulièrement l'épreuve. La chair du Dieu a pu crier mais la sérénité bienfaisante emplissait sa pensée.

Pour retrouver nos Fils, combien de tortures n'endurerions-nous pas !

Pour voir se soulever la pierre des sépulcres, nous voici prêts à vider le calice, jusqu'à la lie.

O Jésus ! Mon Gethsémani, à moi, a duré près de six mois. Mon calvaire n'aura qu'une station ; j'ignore quand je l'atteindrai, et cependant, chaque jour, ma croix devient plus lourde.

Le Christ a connu la pitié. Son Père compatissant, lui envoya un messager. L'ange, dit l'Ecriture, tenait en ses mains une croix de bois ornée d'une couronne d'épines.

Apaisante et réconfortante vision ! La victime voyait le piédestal autour duquel durant le cours des siècles, les peuples soumis viendraient s'agenouiller.

Le Christ a vu croître et grandir son œuvre, j'ai assisté au déclin et à l'anéantissement de la mienne.

Le bois infâme du supplice d'un jour fécondé par la sueur et par le sang de l'Agneau, est devenu un étendard. Pour mon Fils, le fruit d'efforts disciplinés et soutenus, pendant vingt années, a été détruit à l'heure de la récolte.

Travail, joies, souvenirs, espérances, bonheur ancien sont enfouis à jamais sous quelques pieds de terre.

Pour toutes ces beautés, pour toutes ces bontés, pour tous ces labeurs, il n'est plus de récompense, il n'est pas de retour.

Pourquoi ?

Cependant mes pensées n'étaient pas orgueilleuses. Humble parmi les humbles j'avais fondé un foyer. Mon Fils vint. Penché sur son berceau, puis sur sa table de travail, je fus pour lui un fidèle compagnon de jeu et d'études.

Pas un instant, durant ces vingt années, je n'ai cessé de soutenir et de seconder, par tous les moyens en mon pouvoir, les désirs de perfectionnement manifestés par l'enfant, l'écolier, l'adolescent, le jeune homme.

Or, voici qu'au moment d'atteindre le but, la Mort a saisi l'être adoré. Son agonie a duré six mois. Six mois pendant lesquels, chaque jour, mon sourire s'est efforcé de tromper son angoisse,... et puis, j'ai du l'ensevelir dans le cercueil.

Pourquoi ?

Au gui, l'an neuf ! Le volontaire sacré qui tendait sa gorge pure au couteau de l'eubage savait pourquoi il se couchait sur le dolmen.

Christ est ressuscité !... Dans le cirque romain, le martyr en extase savait pourquoi il offrait sa chair à l'assouvissement des fauves.

Patrie !... Le soldat râlant sur les champs de bataille sait pourquoi il est tombé sur un charnier.

Humanité ! Le savant expirant sous les ruines du laboratoire sait pourquoi il meurt.

Moi, je ne sais pas pourquoi mon Fils est mort.

Je ne sais pas pourquoi cette force sociale, prête à servir, a dû disparaître.

Je ne sais pas pourquoi, de nous deux, c'est moi qui reste, avec le souvenir poignant des efforts et des souffrances stériles, de l'immense affection perdue ; avec le regret de ce qui devait être et qui ne sera pas, avec la vision révoltante de ce qui fût, et n'aurait pas dû être.

Mais si la mort est autre chose qu'un caprice du sort brutal, si cette fin prématurée était nécessaire aux desseins d'un Etre suprême que l'hécatombe de millions de jeunes hommes fauchés par la guerre n'a pas suffi à réaliser, pourquoi désespérer la victime avant de porter le coup fatal ?

Heureux ceux qui croient, dit l'Evangile. Sans doute, mais je ne puis pas.

O Jésus, je voudrais croire en ta bonté infinie, je voudrais croire en ta charité divine, je voudrais croire en ta justice exacte... Je ne puis pas.

Ta bonté n'a pu créer des êtres pour les soumettre à d'aussi atroces épreuves. Ta justice, ta charité n'ont pu exiger un pareil sacrifice, car il faut, pour y présider, un cœur de pierre.

Or, ton cœur n'est pas de pierre, il s'est ému :

Tu as rendu son fils à la veuve de Naïm, sa fille à Jaïre, Lazare à Marthe et Marie ; cela, disent les évangélistes, non pour faire pompe de ta puissance, mais par pitié pour la douleur de ceux qui aimaient ces morts. Enfin, tu es apparu à ta Mère pitoyable et tu l'as consolée.

Non, ce ne peut être toi qui règles nos destinées.

Quel est donc le mystère de la mécanique effroyable qui pulvérise ses rouages ?

O Puissance, ô Force, ange ou démon, qui que tu sois, si tu es, si ce que nous voyons sur terre est de l'équité ; s'il convient à l'harmonie de tes causes que ce que nous appelons le Mal, triomphe, que les créatures s'entre-dévorent et que la vie ne se puisse propager qu'en faisant de la souffrance et de la mort... pourquoi frapper l'adolescent avant le vieillard ?

O Puissance, ô Force, ange ou démon, qui que tu sois, si tu es, mets dans ma conscience une preuve suprême de ta vérité, dût l'étincelle en être foudroyante.

Tue, Eclair !

Croient-ils nous consoler, les théosophes qui affirment la survivance de l'âme, sur d'autres plans en attendant des réincarnations lointaines ?

Que pourraient elles t'apporter, ô mon enfant, ces résurrections ?

Revivre une existence terrestre, être à nouveau le jouet du destin, souffrir pour un mal ou un bien qu'on ignore, assister impuissant à la victoire renouvelée de l'ombre sur la lumière ?

Ta vie fut courte, mais ce fut l'une des plus belles et des plus pures. Toutes tes heures furent de perfectionnement. Du berceau à la tombe, ma tendresse n'a pa cessé de t'entourer.

Tu n'as pas connu les trahisons, les lâchetés, les folies des hommes.

Toi si bon, délicat, laborieux, intelligent, que te réserverait cette fois la destinée ? Un foyer, peut-être, mais lequel ? des berceaux, sans doute, mais comme ils sont près des cercueils. Courir le risque d'être une Croix-Vivante ?

O mon fils bien aimé dors en paix, plutôt, pour l'éternité, dans ton cercueil de plomb.

LE CALVAIRE

ASSISTER à cette merveille : l'éclosion d'une âme ; suivre pas à pas, avec joie, avec amour, pendant vingt années le développement d'une belle intelligence, l'épanouissement progressif d'un cœur noble, pur, généreux ; aider à cette œuvre, ne pas cesser de porter sur elle sa pensée, s'y donner tout entier, en faire le but exclusif de son existence...

Puis voir, tout à coup, l'être chéri décliner physiquement, la plus haute science impuissante à enrayer les progrès du mal ; sentir que celui à qui tout promettait une ascension triomphante vers de lumineux sommets a conscience que la route s'effondre, et que s'éloigne à jamais le noble idéal préparé par de longues années d'études ; assister impuissant à son désespoir silencieux, quelle torture pour un Père !

Il faut avoir connu ce martyre pour en saisir toute l'étendue, pour comprendre combien sont justifiés les cris de révolte de l'être humain contre l'organisation cruelle, incompréhensible, de l'Univers.

Jour et nuit, nous devons gravir le calvaire.

Notre sommeil est tributaire de cauchemars horribles ; l'insomnie morcelle notre repos et quand l'aube nous éveille, la sensation atroce de l'irréparable nous étreint.

Une belle journée s'annonce : le soleil prodigue sa lumière, les oiseaux chantent, les fleurs embaument. Quel temps magnifique, dit-on autour de nous. Nos fronts se courbent, cette pensée nous accable : Il n'en jouira pas.

Nous ne pouvons voir, entendre, sentir, agir, éprouver aucun plaisir, l'enfant n'est plus là pour en prendre sa part.

Les vacances réunissent les familles au pays natal ; lui ne reviendra pas.

Nous croisons de jeunes hommes, il serait comme eux... écoutons leurs voix, l'une d'elles aura peut-être les intonations de la sienne.

Et les choses prennent à nos yeux de nouveaux aspects.

D'autres suivent, avec enthousiasme, les phases éclatantes du soleil couchant. Nous n'y voyons que l'agonie de la clarté sous l'étreinte de l'ombre.

Quand s'ouvrent les étoiles, ces yeux du ciel,

nous pensons aux yeux de chair qui se sont fermés.

La lumière blafarde des matins de février rappelle la fin d'une nuit passée au chevet du malade ; la lampe est éteinte, alors on voit, au jour, sur le pâle visage, les ravages causés par la mort qui approche.

Au crépuscule, la pensée vole, au loin, vers le cimetière. Il est là-bas dans la nuit, et nous ne pouvons rien pour lui.

L'Angelus tinte ; il nous semble entendre les cloches des funérailles.

Les nuages fuient à l'horizon ; nous pensons aux destinées qui s'effacent.

Le vent souffle ; nous entendons gémir les cyprès du cimetière.

Il pleut ; l'eau ruisselle sur sa tombe.

Il neige ; sa tombe en est couverte.

A aucun moment notre douleur ne s'extériorise et cependant, comme un fer rouge, la sensation de notre impuissance nous torture, nous en sentons la tristesse infinie peser, continuellement, sur notre âme.

SOUVENIRS

J'OUVRE ce mémorial que j'ai constitué pour Toi dès ta naissance et où se trouvent consignés les principaux événements de ta trop brève existence.

Avec quelle poignante émotion je revois ces pages où sont exprimées ma joie de ta venue, ma volonté d'être ton ami fidèle jusqu'à mon dernier jour et même, s'il est possible, par delà la tombe.

Veux-tu que nous les évoquions ensemble ces souvenirs des temps heureux, ces journées de paix laborieuses. Comme autrefois je serai ton lecteur.

Janvier 1902.

. . . .

Ce mémorial sera le livre d'or de ta jeunesse ; puisse-t-il ne contenir que joies et lauriers. Il te sera remis lorsque le succès ayant couronné tes efforts, il te faudra choisir ta place d'action dans l'arène sociale.

Alors je serai peut-être dans la tombe ; que mon souvenir ne t'attriste pas. Ne pense qu'avec joie à l'ami dévoué qui a travaillé courageusement avec Toi et pour Toi. Songe aussi que peut-être, dans l'inconnaissable où je suis ma pensée t'environne et te protège.

J'ai écrit cela ! Le sort a voulu que ce soit moi qui te ferme les yeux, qui borde dans le cercueil ton corps martyrisé, moi qui préside à ta descente au tombeau où mon Père, ma Mère, ma Sœur aînée, qui t'aimaient tant, ont dû s'épouvanter de te recevoir avant moi.

Leurs corps inanimés, tu les as vus, sans doute, revivre et tressaillir devant l'horreur du crime.

Car c'est un crime d'empêcher les descendants de perpétuer le souvenir des aïeux ; de conserver la race, la tradition.

C'est un crime d'interrompre, dans la durée, l'existence d'une famille.

C'est un crime odieux de bouleverser injustement l'ordre des choses et de ne pas attendre que les Pères soient morts pour tuer leur Fils.

*
* *

Voici, classées, les photographies que nous avons de Toi.

La première est du 15 Février 1902. Tu es en maillot, mon tout-petit de dix-huit jours !

29 Mai 1902.

Jour de ton baptême. Bonnet et robe de dentelles. Tu es dans mes bras, tu me souris.

Tous les nôtres réunis pour cette fête ont tenu à exprimer leurs vœux sur ton mémorial.

25 Octobre 1902.

Première dent.

14 Décembre 1902.

Premier mot : Papa.

1903-1905.

Te voici sous d'autres aspects : bébé joufflu, en chemise, sur une fourrure, en robe, en culotte, cheveux longs et bouclés, cheveux courts.

1906.

Chambéry, le coteau des Charmettes, tu te souviens ?... le Nivolet, la croix de Coche, les buis couverts de petits insectes rouges que tu faisais prisonniers.

Puis les fleurs, les papillons... comme il faisait bon sur le coteau, d'où nous découvrions, au loin, les blancs sommets de la chaîne des Alpes.

Et l'hiver... quelles parties ! Les tunnels, les bonshommes de neige, les courses en traîneau comme un savoyard, la chasse aux grives, ton chien Gyp.

1907-1908.

Paris. Thiais ; l'école primaire, où tu remportais tous les prix.

Les parties de croquet où tu nous battais tous.

Ta première bicyclette.

Mars 1909.

Naissance de ta sœur Eugénie ; son baptême en Août. A ton tour tu as écrit sur le mémorial, de ton écriture appliquée d'écolier de sept ans :

« J'aime bien Ninie

Charles-Jean Audiat. »

et j'ai fait suivre ton petit mot de ceci :

« Charles sera le protecteur et le soutien fidèle de sa sœur Eugénie. Qu'elle soit toujours pour lui l'amie dévouée, la Fée gracieuse et bienfaisante qui sourit et console. »

Elle t'a vu mourir !...

18 Mai 1913.

Ta première communion.

24 Février 1914.

Mort de ma sœur Anna, ta marraine. Tu as eu là ton premier gros chagrin.

27 Juin 1914.

Certificat d'études primaires, avec mention. Tu es également reçu pour les bourses des Lycées. Prix d'honneur à l'Ecole Primaire.

Nous nous installons à Vanves, tout près du Lycée Michelet où tu entreras en Octobre.

31 Juillet 1914.

Tu pars en vacances avec ta mère et ta sœur. Je reste seul.

Une guerre menace l'Europe. Notre séparation va-t-elle durer ?

4 Août 1914.

La guerre est déclarée. Vous êtes en sûreté à la campagne. L'angoisse dans laquelle seront plongées les familles de ceux qui ne reviendront pas me préoccupe. Si un accident m'arrivait, je ne veux pas que tu te désespères. Pour marquer ma volonté de te savoir fort et heureux quand même, pour que les regrets stériles n'affaiblissent pas ton énergie et ne troublent point ta tâche, j'ai écrit ceci :

« Au cas où je disparaîtrais, je désire que vous vous inspiriez de ce passage de Maeterlinck dans « Le Temple Enseveli » pages 219 à 221. (Le Passé), et que je copie d'ailleurs sur le mémorial.

Septembre 1914.

Victoire de la Marne. L'envahisseur est arrêté. Je trouve, dans tes lettres quelques citations latines. J'apprends que tu n'es pas resté inactif alors que tes aînés combattaient. Toi aussi tu as voulu servir le pays par le seul moyen en ton pouvoir : le travail.

Cher écolier de douze ans, qui pendant toute la durée des vacances commences et poursuis avec ténacité ses études secondaires, parce que, dis-tu, la France aura besoin de fils instruits et qu'il ne faut pas perdre de temps.

Novembre 1914.

Vous voici rentrés à Vanves, mais le Lycée Michelet n'est pas encore ouvert. Tu continues à bûcher ton latin.

Janvier 1915.

Le Lycée Michelet n'ouvrira pas cette année, il donne asile aux grands blessés. Tu entres au

Lycée Buffon, à Paris, en 6e A. Nous partons ensemble tous les matins. Malgré cette rentrée tardive, et la fatigue des voyages quotidiens, tu passes une brillante année scolaire : inscription permanente au tableau d'honneur. Félicitations du Conseil de discipline.

« ... Très bon élève, intelligent, sérieux, un des meilleurs de la classe. S'est classé d'emblée parmi les premiers de sa division ».

Le Proviseur, Breitling.

(Bulletin trimestriel. — Extraits).

Octobre 1915.

Le Lycée Michelet est ouvert. Tu entres en Cinquième A. Ninie à l'école communale. Au bout de deux mois d'études tu es autorisé par décision rectorale après demande du Proviseur à passer en Quatrième A.

Le Proviseur affirme que tu es apte à suivre facilement les cours de la classe supérieure. En effet, tu prends immédiatement la tête de tes nouveaux condisciples.

« ... Excellent élève que je considère, pour ma part, comme très doué, et dont les progrès ont été très marqués ».

Le Proviseur, Calvet.

(Bulletins trimestriels. — Extraits).

Août-Septembre 1916.

Vacances bien gagnées. Premières leçons d'équitation et d'escrime à l'Ecole de cavalerie d'Autun. Longues flâneries dans les forêts éduennes fleuries de bruyère rose.

Octobre 1916.

Entrée en Troisième A. Tu es obligé de t'aliter du 16 octobre au 20 novembre : fièvre typhoïde. Malgré cette interruption, tu obtiens, en fin d'année, le Certificat d'études secondaires du premier degré. Prix d'excellence. Inscription permanente au tableau d'honneur. Prix Prioux offert par l'ancien Président de l'Association Amicale des Anciens Elèves du Lycée.

Tous tes professeurs tiennent à montrer combien ils t'apprécient. Tes bulletins ne contiennent que des éloges :

« ... N'a pas cessé de progresser, excellent élève et charmant enfant ».

Le Professeur, Jacquart.

« ... Esprit docile et réfléchi. Excellent élève, le meilleur de la classe ».

Le Professeur, Decourt.

« ... Donne satisfaction à tous ses professeurs ».

Le Censeur, J. Leroy.

« ... Elève très consciencieux, esprit intelligent, ouvert et délicat. Malgré une longue absence a su conserver le premier rang parmi ses camarades ».

Le Proviseur, Calvet.

Octobre 1917.

En 2e C. — Toujours même ardeur au travail, récompensée par l'inscription permanente au tableau d'honneur ; prix d'excellence et félicitations des maîtres.

« ... Très bon élève, consciencieux et travailleur. Admis à passer à la classe supérieure.

Le Censeur, Campaux.

« ... Elève modèle dont on ne saurait trop louer l'ardeur au travail, la force de volonté. Intelligence d'ailleurs très nette, grande curiosité d'esprit ».

Le Proviseur, Calvet.

Octobre 1918.

En 1re C. — Toujours parfait élève. Bon fils. Tu ne nous donnes que des satisfactions. Ta sœur suit ton exemple.

Tes bulletins trimestriels sont de plus en plus élogieux :

« ... Excellent élève, d'intelligence cultivée, qui remet toujours des devoirs travaillés et intéressants ».

Le Professeur, Decourt.

« ... Est cette année, ce qu'il n'a jamais

cessé d'être, un élève sérieux, appliqué à tous ses devoirs et dont le succès ne peut faire doute ».

Le Proviseur, Calvet.

10 Juillet 1919.

Tu passes avec succès la première partie du Baccalauréat de l'Enseignement secondaire avec la mention « Assez bien ».

« ... Excellent élève, comme toujours, très digne d'un succès sur lequel nous comptons tous ».

Le Proviseur, Calvet.

(Bulletins trimestriels. — Extraits).

Octobre 1919.

Classe de Mathématiques. Ton caractère sérieux, méthodique, ce goût que tu possédais de concentrer tes pensées te poussent vers les mathématiques où, comme en français, tu réussis parfaitement.

« ... Esprit réfléchi, méthodique, capable d'avoir des idées personnelles. Elève de tout premier ordre. Tient nettement la tête de sa classe ».

Le Proviseur, Calvet.

(Bulletins trimestriels. — Extraits).

24 Juin 1920.

Tu obtiens tes deux baccalauréats Latin-Sciences, Philosophie avec la mention « Bien ». Tu avais tenu à subir les épreuves de philosophie que tu avais préparées seul, ce baccalauréat donnant un avantage de 30 points au concours pour l'Ecole polytechnique que tu envisageais.

« Excellente année. Félicitations pour le succès de philosophie ».

Le Proviseur, Calvet.

(Bulletins trimestriels. — Extraits).

Oh ! je me souviens de ces heureuses journées où tu conquis tes lauriers. J'assistais à l'oral.

En philosophie tu retrouvais deux petits cousins : Jean et Michel. Aussi, quand un examinateur appelait : Audiat, troix voix répondaient : lequel ? et cela mettait de la gaieté dans l'amphithéâtre.

Jean et Michel obtinrent la mention « Assez bien ». Toi, la mention « Bien », et tu nous disais en souriant :

« Que les trois Audiat soient reçus avec mention, cela est bien mais que ce soit ton Fils qui ait la mention « Bien », cela est très bien ».

Octobre 1920.

Rentrée au Lycée Buffon, le Lycée Michelet ne comportant pas de classes de mathématiques spéciales.

Tu as résolu, en effet, de préparer l'Ecole Polytechnique et l'Ecole Normale supérieure.

A Buffon, comme à Michelet, tu retiens l'estime de tes maîtres.

« ... Bon élève sur lequel les professeurs comptent pour l'avenir ».

Le Proviseur, Bailly.

« ... Elève régulier. Trimestre continuant les bonnes impressions du précédent ».

Le Proviseur, Bailly.

(Bulletins trimestriels. — Extraits).

Octobre 1921.

Deuxième année de Mathématiques spéciales. — Inscription à la Faculté de Droit.

«... Travaille et réussit bien. Nous comptons sur son succès en particulier à Normale ».

Le Proviseur, Bailly.

(Bulletins trimestriels. — Extraits).

Mars 1922.

Conseil de revision de la Seine. Numéro matricule 4.278. Classé dans le service armé. Tu obtiens le sursis d'incorporation prévu par l'article 21 de la loi de recrutement.

Le signalement de l'autorité militaire te présente ainsi :

Front large, nez moyen, yeux bleus, cheveux châtains, taille 1 m. 69.

Octobre 1922.

Toujours même ardeur au travail. Aucun arrêt jusqu'au 28 Avril 1923 où tu es obligé de t'aliter.

On diagnostique d'abord une gastralgie, puis une gastro-entérite.

Tu es désolé. Le concours d'admission pour l'Ecole Polytechnique a lieu le 1er Juin. Tu penses cependant être rétabli à temps et, vaillant lutteur, tu travailles dans ton lit.

Le 2 Juin 1923, l'analyse du sang faite sur ta demande permet de découvrir le bacille paratyphique B. Cette fois tu es désespéré.

Tu n'as pu en effet subir les épreuves du premier concours auquel tu t'étais préparé avec tant de courage et voici que celui pour l'Ecole Normale va également t'échapper. Il a lieu dans quinze jours. Tu insistes pour que l'on te transporte à l'examen. « Si je passe les épreuves, nous dis-tu, même dans l'état de fatigue où je me trouve, je suis certain de réussir ».

Cependant tu souffrais, mais tu voulais marcher quand même et n'abandonner la lutte qu'en tombant.

Le docteur s'oppose nettement à ce qu'il considère comme une très grave imprudence, il faut te résigner.

Mais quelle déception pour Toi, mon cher enfant !

Octobre 1923.

C'est la rentrée, l'ouverture d'une nouvelle année scolaire et tu n'es pas encore rétabli.

Le 1er Octobre, éveillé de bonne heure, tu te lèves et tu vas à la fenêtre regarder passer les jeunes gens heureux qui se rendent au travail.

Pauvre grand Fils, comme j'ai souffert de ta souffrance que je comprenais. Encore aujourd'hui le souvenir m'en est bien amer.

28 Octobre 1923

Ce dimanche, à 6 heures du matin, tu nous quittes, hélas ! pour toujours.

C'est notre première séparation,... elle doit être éternelle !

Voici les derniers témoignages écrits de l'estime de tes maîtres :

30 Octobre 1923.

Monsieur,

J'apprends avec une profonde émotion le grand malheur qui vous frappe.

Je viens de voir le professeur et les camarades de Charles ; vous pouvez être assuré que Maîtres et élèves nous prenons tous la plus vive part à votre douleur.

J'irai, demain, vous en assurer moi-même.

Veuillez agréer...

Le Proviseur, Bailly.

Ils sont venus, en effet, tes maîtres et tes camarades de labeur. Emus et recueillis ils formaient autour de ton cercueil comme une escorte d'honneur.

22 Novembre 1923.

(Extrait d'une lettre du professeur de Mathématiques spéciales) :

«... L'affection que votre fils avait pour son maître était réciproque car l'élève se faisait naturellement apprécier et aimer par son application, sa bonne volonté, ses qualités de finesse et de distinction. Il voulait être un éducateur et il l'aurait été de tout premier ordre et à son tour il aurait eu l'affection de tous ses élèves. C'est donc une perte cruelle qu'aura faite l'Université.

Mais hélas ! cela ne fait qu'accroître l'étendue de la perte que vous aurez faite de votre côté.

Puissiez-vous vous consoler, vous et les vôtres,

à la pensée que si cette existence fut brève, elle fut une des plus belles, une des plus pures.

Croyez... »

Tresse.

Oh ! certes notre peine est profonde, et ceux-là ne connaissent pas la douleur qui n'ont pas subi ces tortures, qui n'ont pas clos des yeux chéris, qui pendant les heures passées devant le cadavre de leur fils n'ont pas entendu sonner le glas dans leurs artères, n'ont pas senti le contact brûlant des lèvres glacées et n'ont pas étreint des mains de marbre.

Oh ! l'arrivée, la soudure, le départ des cercueils !

Puis le cauchemar de cette publicité funèbre : les faire-part, les fleurs, les couronnes, les condoléances, le convoi, l'embarquement en gare, les cahots du trajet nocturne pour atteindre ce but, l'enfouissement.

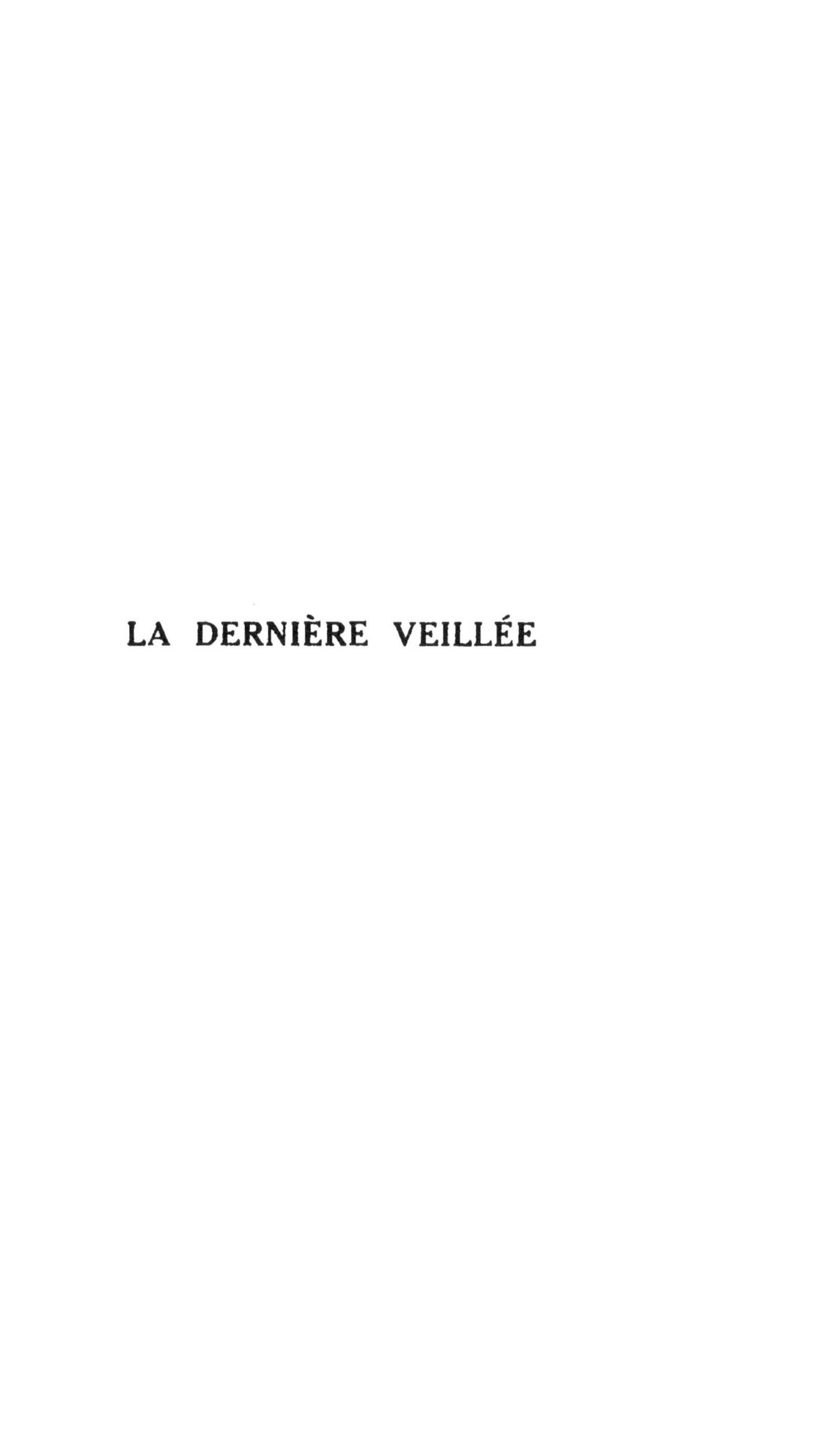

LA DERNIÈRE VEILLÉE

Ce fut notre dernière veillée. Tu ressentais un peu de mieux, ton appétit semblait renaître, peu de température, j'espérais.

Assis près de ton lit de misères, j'avais pris ta main. Nous avons causé un peu, puis, pour t'éviter la fatigue, j'ai commencé la lecture d'un livre gai. Il est toujours là, dans ton classeur, marqué à la page où je me suis arrêté.

Il était tard, 22 heures, il fallait que tu reposes. Tu m'as demandé de te chanter, pour t'endormir, un air avec lequel, autrefois, pendant ta toute petite enfance, j'appelais le sommeil sur ton berceau.

Le lendemain, un peu avant 6 heures tu nous as appelés. Tu as dit : « cela ne va pas,... il me semble que je vais étouffer ».

Tu t'étais tourné sur le côté droit ; je t'ai encouragé en te disant : « Cela va passer, ce n'est rien ». Je ne prévoyais pas... Ta voix était bonne, forte, tes yeux clairs.

Tout à coup tu as porté la main à la bouche comme pour enlever quelque chose qui te gênait... tu t'es redressé un peu, puis ton regard s'est voilé,... ton cœur avait cessé de battre.

J'ai tenté de vains efforts pour te ranimer, tout était fini, comme cela, sans secousses, sans éclat, je n'ai pu saisir, dans tes yeux, l'adieu suprême...

Oh ! ce silence subit, en moi, ce choc, comme si tout mon être s'était brusquement dispersé dans les choses.

Pourquoi ne t'ai-je pas crié : reste, reste,...

mais n'aurais-je pas troublé inutilement ta dernière minute de vie.

Est-il vrai que les mourants ont la vision rapide et précise de leur existence passée ? Certainement Tu n'as pu voir apparaître que des images éclairées par le rayonnement de ma tendresse et de mon dévouement sans bornes.

Aujourd'hui, si Tu peux voir encore, rends-toi compte : je ne t'ai pas quitté, Tu es toujours présent, ton invisibilité n'a pas amoindri mon amour. Mon cœur, mon esprit et mon corps brûlent de la flamme ardente et plus pure peut-être, du souvenir.

Je ferme ce mémorial, qui ne constitue plus que les archives de ton enfance et de ta jeunesse glorieuses.

Qu'il soit, avec ce livre la preuve écrite de l'iniquité monstrueuse du Destin.

ANNIVERSAIRES

Noël 1923.

IL est né le Divin enfant.

Autrefois, nous observions les vieilles coutumes. Chaque année, à pareil jour, Lui, sa sœur et moi déposions, joyeusement, nos chaussures dans l'âtre, et c'était toujours, au réveil, la même allégresse.

Ce soir nous n'y mettrons rien.

Il est né, le Divin enfant... le mien est mort !

Il est là-bas, loin de moi, rigide. Il n'entend pas l'alleluia des cloches prochaines ; l'étoile qui éclairait son front s'est éteinte ; aucun souffle puissant n'ira réchauffer sa couche.

Qu'ils se hâtent vers les églises ceux que les carillons tentent, ceux qui peuvent s'agenouiller dans la prière, ceux dont le cœur n'est pas brisé et qui peuvent encore chanter Noël ! Mon Fils est mort, et lui, ne ressuscitera pas.

Alleluia, Alleluia, la crèche devant laquelle je me prosterne en pensée, ce soir, est un tombeau. Mais, de ce tombeau, je ferai un tabernacle.

O mon Fils bien-aimé, en qui j'avais mis toutes mes espérances, ton cercueil sera mon Autel, ton souvenir sera ma religion, et je serai ton prêtre.

19 Janvier 1924.

Anniversaire de sa naissance. Il a 22 ans. Voici quatre mois qu'il est mort !

Je songe à son âme lointaine, à sa douceur discrète, à ses baisers affectueux, au rythme de ses pas, à sa voix aimée.

Chère créature de bonté ! Mon pauvre rêve aboli !

28 Octobre 1924.

Il y a un an aujourd'hui que tu m'as quitté. Il y a un an que j'ai baisé ton front pour la dernière fois. Il y a un an que je t'ai placé dans le cercueil. Il y a un an que je n'entends plus ta voix. Il y a un an que j'évoque ton esprit dans les lieux que tu fréquentais, parmi tes objets familiers. Il y a un an que je demande aux choses leur secret.

Il y a un an que tu es mort ; il me semble que c'était hier.

Pour cet anniversaire une messe a été célébrée à ta mémoire. Je l'ai suivie debout.

Je suis venu dans la chapelle non pour t'assurer par de puériles prières la paix, le repos et la félicité qui te sont dûs, mais pour mieux me recueillir en Toi.

Dans ce temple élevé au Dieu des catholiques, au Dieu des chrétiens qui est bonté, lumière, amour, j'ai demandé qu'enfin mes ténèbres s'éclairent et qu'il me soit permis d'harmoniser mes angoisses avec la Vérité.

Car ma douleur n'est pas égoïste, tu le sais, mon grand Fils aimé.

Ce n'est pas de la meurtrissure physique et morale que ta perte m'a causée que je souffre le plus, c'est parce que je ne puis comprendre ni ta mort, ni la nécessité du long martyre qui l'a précédée.

. . . .

Et cette pensée me hante plus que mes espoirs trompés, plus que ma vie brisée.

PÈLERINAGES

Epinac, 9 Novembre 1923.

J'AI refait hier, le chemin. La tombe est close... Quand et pour lequel de nous s'ouvrira-t-elle ?

Il a gelé cette nuit. Les fleurs des gerbes et des couronnes sont flétries, je les fais enlever.

Cher Enfant, un jour, pendant ta longue maladie, tu m'as dit : « Mon Papa, je te donne beaucoup de soucis ».

« N'aie pas cette préoccupation t'ai-je répondu. Je souffre seulement de ne pouvoir prendre ta place et de n'avoir pas de soins plus rapidement efficaces à te donner. A ton tour, quand l'âge ou la maladie viendront m'affaiblir, tu m'aideras à supporter mes misères ».

Et ta réponse fut à la fois si brève, si émue et si ardente que j'en fus bouleversé.

Cependant tu m'as quitté !

A quoi bon mon amour pour Toi, puisqu'il n'a pas su te retenir.

10 Novembre 1923.

La neige tombe. C'est la première que je vois cette année. Elle est semblable à celle dont nous disposions autrefois pour nos jeux.

Je pense aux tombeaux qu'elle va recouvrir.

13 Novembre 1923.

Avec sa jeune sœur je suis venu lui porter des perles et des fleurs.

Je vois bien les corps immobiles dont le temps prépare l'effacement, mais qu'est devenue l'énergie qui les animait ?

Résurrection lointaine... purgatoire... Ciel ? Je sais seulement où se trouve l'enfer.

Autun, Novembre 1923.

J'ai voulu refaire les excursions de nos dernières vacances : Briscou, Montjeu.

Le paysage n'est plus celui que nous avons vu ensemble. Tu n'as pas connu cette livrée de fin d'automne dont se couvre la Nature. A ce moment de l'année l'étude te réclamait.

Il faut donc que je te dise ces choses : les grands bois verts sont devenus roux ; les routes et les chemins trempés de pluie sont jonchés de feuilles mortes ; couchées dans les fossés, les hautes fougères ressemblent à des amas de fer rouillé ;

l'eau ruisselle par les ravins qui, en Septembre, nous servaient de raccourcis.

Nous reviendrons aux prochaines vacances, nous nous y reconnaîtrons mieux.

Juillet 1924.

Autrefois j'allais à tes distributions de prix avec une fierté heureuse, jamais déçue. J'y retournerai pour entendre encore prononcer publiquement ton nom. Car j'ai pensé honorer ta mémoire de la façon qui te plairait le mieux en fondant un prix qui, chaque année, sera décerné à l'élève le plus méritant de la classe de Mathématiques spéciales.

J'ai fondé également à Vanves, un prix d'escrime, ton sport préféré.

Septembre 1924.

Nous voici revenus, ta sœur et moi, dans cette

ville d'Autun que tu aimais tant, où nous passions, avec ta Tante, une bonne partie des vacances.

Cette année, notre emploi du temps est tracé. Nous reprendrons les excursions que nous avons faites avec Toi, l'an dernier.

Au cours de ces pieux pèlerinages, j'évoquerai les enthousiasmes qui t'animaient en présence des sites pittoresques, devant les monuments antiques et les curiosités dont s'enorgueillit la vieille cité Eduenne.

Et voici un premier souvenir qui montre combien ton esprit, avide de connaître, savait s'intéresser à tout.

A un archéologue du pays qui, sur la foi de Pomponius Mela fixait les origines de la Celtica Roma vers l'an 43, n'as-tu pas soutenu, qu'en l'an 21, Tacite avait déjà parlé d'Augustodunum au Livre III de ses Annales, à l'occasion d'un soulèvement qui eut lieu sous le règne de Tibère.

Aujourd'hui, profitant de la fraîcheur limpide du matin, partons pour Montjeu.

Quittant la rue Piolin, nous longeons la cathédrale, type élégant de l'architecture bourguignonne, et, laissant sur notre droite la tour des Ursulines, nous arrivons sur la route dont les lacets contournent la montagne à travers la forêt.

Des meurtrières, ménagées dans le rempart de verdure, permettent au regard de plonger dans l'amphithéâtre immense formé par les collines boisées.

Arrêtons-nous là, me disais-tu.

Et sous les hauts ombrages qui nous épandaient leur fraîcheur tandis que les carillons des monastères égrenaient jusqu'à nous leurs voix argentines, nous nous attardions à contempler la ville d'Auguste fièrement adossée au flanc du coteau.

Rien n'est changé. Regarde, voici les points principaux que tu me signalais : l'Ecole de cavalerie avec ses toits en mosaïques, qui chatoient, le théâtre romain, les tours de défense du moyen-âge, la flèche en pierre de la cathédrale, la Vierge de la visitation qui domine les anciens remparts, et tous ces clochers dont les pointes hardies étincellent dans le matin déjà brûlant.

Reprenons notre route. La montagne est coupée de ravins creusés par les eaux de l'hiver. Actuellement ils sont à sec et nous allons utiliser leur ligne droite afin d'arriver plus vite au sommet.

La pente est rude, le sol rocailleux et accidenté, mais nous sommes à l'ombre ; nous circulons dans un véritable tunnel de verdure ; nous n'avons qu'à étendre le bras pour secouer les branches, et faire jouer sur nous des papillons de soleil.

Voici, dans une clairière, au débouché d'un

ravin, la pierre taillée que tu as choisie l'an dernier comme piédestal. Nous avons pris un cliché très réussi, combien précieux aujourd'hui : Tu es au premier plan, assis sur la pierre et paraissant prendre le croquis du paysage lointain. A droite, les *torots* et la pyramide de Couhard, à gauche entre l'Arroux et le Ternin qui miroitent, le temple de Janus cravaté de brume.

Cette année, un pied de bruyère a poussé à cette station même ; isolé il semble s'offrir. Je le prends avec ses racines garnies d'humus ; demain il continuera sa floraison sur Ta tombe.

Nous reprenons l'ascension et voici les champs de bruyères ; nous coupons les plus belles dont nous composerons une gerbe en nous reposant, comme de ton temps. Nous te la porterons.

Voici la grille de Montjeu. Nous sommes au sommet, nous pénétrons dans le parc et suivons la magnifique allée centrale jusqu'aux étangs.

A cette altitude les deux miroirs liquides réfléchissent à la fois tout l'azur du ciel et tous les rayons de lumière. Par instants, une brise embaumée creuse la surface de l'eau de rides légères dont les bourrelets forment autant de prismes. « Cela ressemble, — disais-tu, — à des paillettes d'or qui ruissellent. » En effet, c'est un éblouissement.

Nous avions découvert une barque sous un berceau de verdure, le bateau tanguait un peu quand ta sœur est montée, quelle frayeur ! A ton tour tu as pris un cliché.

Voici le pré fleuri où nous nous sommes attardés à regarder les libellules danser leur menuet aérien.

Mais le temps passe ; nous décidons de regagner Autun par Briscou. La pente rendra notre marche plus alerte.

Nous regagnons la forêt : houx dentelés,

humbles genévriers, hêtres touffus, chênes séculaires, végétaux noueux à la rude écorce, nous traversons tout cela à la file indienne, en trébuchant, glissant sur des sentiers à peine tracés parmi l'or des genets et le corail des bruyères. Notre course serait périlleuse si les basses branches du taillis n'étaient pas là pour nous retenir.

Bientôt nous entendons un mugissement sourd ; en même temps une brise plus fraîche nous frappe au visage. C'est la cascade.

Là, plus de fleurs sauvages, mais des entassements chaotiques de rocs énormes, les uns recouverts de mousses épaisses comme une toison, les autres polis et patinés par le temps.

Magnifique stéréoscopie, dis-tu. Les clichés exécutés et nous aidant mutuellement nous parvenons près de la voûte liquide du petit Niagara, où nous recevons un léger baptême.

Aujourd'hui, ta sœur et moi, nous nous bornons à regarder et à nous souvenir. Puis nous rentrons, en longeant les petits ruisseaux clairs qui vont donner la vie aux tanneries autunoises.

Et le doux murmure de l'eau limpide berce encore les strophes de « La Voulzie » que tu nous récitais.

J'entends ta voix devenir grave à ce passage,

« ... Espère ! Aux mauvais jours,
Dieu te rendra ton pain. » Dieu me le doit toujours !

Pour toi aussi, mon Fils, le Dieu du Poète est resté indifférent. Tu n'as connu des aurores de la Vie que les jours de labeur ; tu n'as pas même entrevu la douceur des espérances triomphantes et des rêves réalisés. La souffrance et la déception ont couronné tes vertus.

Petit ruisseau, la voix qui te parlait doucement s'est éteinte... et tu le sais, n'est-ce pas, puisque dans ta chanson, je perçois maintenant comme un bruit de sanglots.

POUR QUE TON SOUVENIR DEMEURE

LA-BAS dans ce petit coin de terre qui t'appartient, où ma place est marquée, ton corps repose, mais ton esprit est resté près de moi, dans toutes les choses qui t'étaient familières, et dont j'ai respecté l'ordre et la disposition.

L'espérance a pu s'éteindre à mon foyer dévasté, mais Ton souvenir y demeure.

Ta chambre est telle que lorsque tu l'animais de ta chère présence. Elle attend son Maître.

Tu peux y revenir, avec ton corps. Rien ne surprendra tes regards que tes derniers portraits devant lesquels sont renouvelées les fleurs que tu aimais.

Viens donc, comme autrefois au retour du Lycée, couvrir de chiffres ton tableau noir. Vois, sur ta table de travail, papiers, écritoire attendent ta volonté. Tes derniers cahiers sont dans ton classeur.

Désires-tu faire des armes ? Tes fleurets sont au mur.

Ouvre ta bibliothèque, aucun ne manque de tous ces ouvrages que tu as peu à peu rassemblés, ces bons amis dont quelques-uns t'accompagnaient aux vacances.

C'est dans ce sanctuaire tout plein de Toi, que je viens, le soir, me recueillir et me reposer de la besogne quotidienne dont, hélas, tu n'es plus le but.

Et quand le chagrin monte, quand la douleur resserre son étreinte, je me réfugie dans tes livres. J'y retrouve des annotations de ta main et ces lectures éveillent en moi les pensées que tu as eues toi-même, les sentiments que tu as éprouvés. Ainsi c'est toute ton action intellectuelle que je respire et à laquelle je donne un nouvel essor.

Tant que je vivrai, O mon grand travailleur, je conserverai précieusement ces témoignages de tes laborieuses préoccupations. Ils marquent ta trace, ils sont ta tradition vivante.

Car ils révèlent avec force l'enthousiasme intrépide pour le savoir, la vigueur d'un esprit constamment orienté vers l'effort et cette méthode réfléchie, cette curiosité patiente, cette délicatesse de pensée que tes Maîtres se félicitaient de trouver en Toi.

Et le désir de faire mieux, toujours mieux, te hantait.

J'ai trouvé la minute d'une lettre adressée par toi au Directeur d'un Institut, qui t'avait fait parvenir à diverses reprises des catalogues et des circulaires de ses cours de perfectionnement.

J'ignore si tu l'as envoyée, Tu ne m'en as pas parlé. Cependant je veux reproduire cette correspondance qui indique des préoccupations bien supérieures à ton âge :

« Monsieur,

« J'ai bien compris le but de votre système : faire des hommes, et je serais heureux de posséder de telles qualités. Mais ce dont je doute c'est que ce système soit capable de les donner, et en voici les raisons :

« Dans la brochure où vous exposez le sommaire de votre cours, je ne trouve que des préceptes banals, communs, connus, qui traînent dans tous les livres : « Pour faire son chemin dans la vie » jusqu'à « l'art de prendre ». Mais j'avoue avoir lu ces livres, reconnu la justesse des conseils, sans pour cela acquérir les brillantes qualités énumérées. Cette méthode, c'est un peu comme le « Faites un plan » du professeur de français ; l'élève qui n'est pas doué, malgré les meilleurs conseils, ne donne rien de mieux.

» Ce qui, dans votre cours, serait intéressant et nouveau, est que vous affirmez, (mais dans votre brochure on n'en voit aucune preuve), avoir trouvé des exercices propres à développer extraordinairement et sans fatigue les facultés intellectuelles.

» Prenons, par exemple, la mémoire.

» Vous affirmez qu'avec votre procédé on acquiert une mémoire surprenante. J'en suis fort aise ; mais montrez-moi un exemple, donnez-moi un exercice à ce sujet. Si véritablement il développe la mémoire, je penserai que, de même pour les autres facultés vous avez réussi.

» Je crains, en suivant votre cours, de n'avoir par exemple en fait de moyens que de faire aller tous les sens ensemble, de concentrer la pensée (pour cela de copier ce qu'on veut apprendre), de comprendre ce qu'on apprend ou puisque vous parlez d'auto-suggestion, de me dire tous les soirs avant de m'endormir : « J'ai une mémoire extraordinaire » ! Toutes choses que je sais déjà.

» En résumé je crains que votre cours ne soit qu'un assemblage de préceptes connus et que la partie neuve et intéressante (les exercices) ne possède pas toute l'efficacité voulue. Je ne demande qu'à croire le contraire si vous pouvez me le démontrer sur un exemple particulier. »

. . . .

Je n'ai pas trouvé de réponse à cette correspondance.

DEUS MEUS

LES religions s'appuient sur deux bases : la récompense et la punition. Le bien ne pouvant exister sans le mal, on a dû, pour expliquer Dieu, inventer le diable et les présenter tous deux au choix de l'égoïsme humain.

Inlassablement, les forçats de la vie font monter vers l'idole préférée l'odeur fauve des holocaustes, la fumée des bûchers, le parfum des encensoirs, la chaleur des cires, l'harmonie des cloches, le grondement des orgues, le bourdonnement des oraisons.

Ceux-ci, le front dans la poussière, adorent ; ceux-là, debout, blasphèment : des verges fouettent la mer rétive, la pointe des flèches menace les étoiles.

Cependant le souverain Maître reste impassible.

La nuit succède au jour, la chaleur aux frimas, la mort à la vie.

Implacablement la roue tourne, broyant des loques douloureuses qui, depuis toujours, s'obstinent à chercher l'astre divin dans les nuées obscures ou parmi les soleils incandescents.

Et l'homme insensé, persiste à modeler, sculpter ou peindre des icones qu'il sait n'être que le produit fantaisiste de son imagination.

Mais pourquoi demander à l'inconnu le flambeau qui doit éclairer la route ? Pourquoi tenter de ramener dans notre horizon borné ce qui doit être sans bornes ? Laissons donc le Dieu immense ouvrir ou fermer son paradis aux séraphins.

Ici-bas, ceux que l'on aime réellement ne

sont-ils pas comme des Dieux. L'amour qui se donne sans espérer recevoir, n'est-il pas la forme d'adoration la plus sincère, la plus exacte, la plus vraie.

En vérité, le souvenir fidèle des Bien-aimés disparus est le seul culte noble et désintéressé qui soit.

O mon Fils, maintenant cher Invisible, c'est Toi que j'aime, que j'adore et que je sers.

Les actes de ta vie si pure sont mes Evangiles.

Tes paroles sont mes commandements.

Et la prière que je t'offre n'est pas celle des abîmes. Je l'ai formée des pensées les plus nobles et les plus hautes de ton existence, elle est gravée en lettres de feu dans mon cerveau et dans mon cœur.

O mon enfant bien-aimé, la fraîcheur, la grâce et la gaiété de Ta jeunesse ; la beauté et la bonté de Ton âme, la maturité de Ton intelligence ont nimbé ta chère image d'une triple auréole.

Je me prosterne devant cette réalité, tandis que mes lèvres ferventes prononcent à jamais ton nom béni : *Deus meus.*

TABLE

ROUEN
IMPRIMERIE DE LA VICOMTÉ
Rue de la Vicomté, 75
—
1926

www.ingramcontent.com/pod-product-compliance
Ingram Content Group UK Ltd.
Pitfield, Milton Keynes, MK11 3LW, UK
UKHW021059260726
13994UKWH00002B/584

9 782329 379241